Chez l'éditeur
Ollendorff
50, Chaussée d'Antin
Paris

Les

Minutes Parisiennes

IL A ÉTÉ TIRÉ A PART

108 exemplaires sur papier de Chine,
et 28 exemplaires sur papier du Japon

Numérotés à la presse.

RADICAL
PRESSE

Les Minutes Parisiennes

HENRY FÉVRE

5 HEURES

La

Rue du Croissant

Illustrations de SUNYER

GRAVÉES SUR BOIS

PAR BELTRAND ET DÉTE

PARIS

SOCIÉTÉ D'ÉDITIONS LITTÉRAIRES ET ARTISTIQUES

Librairie Paul Ollendorff

50, CHAUSSÉE D'ANTIN, 50

1901

Vers cinq heures le passant, étran-
ger au quartier, qui se trouve par

hasard, à travers le flot humain dont le double courant va et vient des Halles aux grands boulevards, remonter la populeuse, la fourmillante rue Montmartre, n'est pas sans éprouver quelque surprise. Au milieu de l'animation laborieuse de ces voies encombrées, dans le plein étourdissement où vous jette ce mouvement d'eau qu'a le cours incessant de la foule avec son bruit grondant de piétons et de voitures, il ne peut s'empêcher, tout à coup saisi, de faire halte, avec un regard un peu effaré devant l'étrange spectacle qui l'attend, se révèle brusquement à lui, au coin de la rue du Croissant.

Qu'est-ce qu'il y a donc ? Qu'est-ce qui se passe ici ? Pourquoi tout ce monde ? Et quel monde ! Est-ce le feu, un accident, une révolution, une émeute ?

Pas très rassuré, notre passant regarde et observe. Spectacle étrange en effet, de physionomie plutôt inquiétante et difficile à définir tout d'abord. Devant lui, dans la rue exiguë, étranglée entre ses hautes maisons noircies, une des plus étroites et des plus laides de celles qui avoisinent les boulevards, et dont l'aspect évoque de préférence des idées confuses de mauvais lieux, de crimes et de coupe-gorge, grouille mystérieusement une foule patibulaire. Ce ne sont, pressées d'un bout à l'autre de la rue, que figures sinistres, figures cyniques et gouailleuses, têtes de voyous, êtres de misère, aux vêtements de rebut et aux casquettes sordides, toute une humanité de bas fonds, assez pareille à un pullulement de rats d'égouts et qui semble être sortie là, des bouches ouvertes sous le trottoir, comme une génération spontanée ; comme à la campagne, par certaines soirées d'été, le sol uni d'une route se recouvre tout à coup de l'éclosion de milliards de crapauds minuscules ; comme, au moment des fourmis ailées, venues on ne sait d'où, des nuages inopinés de ces bestioles s'abattent en essaim sur un mur...

Tel, vers cinq heures, le premier aspect de la rue du Croissant, avec l'éclosion subite de ces hommes, qui ressemblent à des bêtes de nuit, prennent en leurs loques des airs haillonneux de chauves-souris, des couleurs louches et ternes d'êtres crépusculaires et dont la foule triviale emplit la chaussée, bouche la rue. Êtres bizarres, peu sympathiques d'allures, vaguement inquiétants, effrayants même... Le premier mouvement est de hâter le pas.

L'inquiétude apparaît d'autant plus

justifiée, l'impression se dégage
encore plus gênante devant l'air de
guet, d'affût, d'attente patiente et
embusquée que prend ce peuple
amassé et immobile, pas autrement
bruyant, ni tapageur, ni en émoi ;
ce qui expliquerait les choses, le
feu possible, l'accident supposé,
l'émeute hypothétique... Mais non,
morne est l'attroupement et ces gens
restent plutôt silencieux comme s'ils
se reposaient même de parler. Alors
quoi ? Qu'est-ce qu'ils font là ?
Qu'est-ce qu'ils attendent ? Entrée,
sortie d'atelier ? Allons donc, ce n'est
pas l'heure et puis il n'y a qu'à les
regarder. Des ouvriers ? Ce n'est

pas là le salissement méritoire et comme glorieux du travailleur manuel dont le labeur a noirci le bourgeron bleu, le veston, les mains calleuses, et qui, ainsi que le soldat sur son uniforme la poudre des batailles, garde la crasse des houilles, la graisse des machines, la poussière des bâtisses, la limaille des fabriques. Et puis des ouvriers, dans leurs vêtements populaires, restent cousus, ont des pièces à leur culotte, à leurs chaussures, mais pas de trous... Ceux-ci en ont, dans leurs nippes.

Et quelles nippes ! Oh ! les piteuses, pittoresques défroques de misère et de bohême, chapeaux, casquettes ramassés sur le tas, informes, pourris, comme des détritus, des épluchures ; et quelles étoffes, pisseuses, éraillées, à « crémaillères », quel bas de pantalons, en dents de scie, spécialement rongés, en loques — ils marchent donc beaucoup ces gens-là ? — quels ripatons surtout, inénarrables, bâillant, riant, gouaillant eux-mêmes, ouverts comme des gueules, et si difformes qu'ils en apparaissent orthopédiques.

Des ouvriers qui se respectent, de braves et bourgeois ouvriers n'ont pas de ripatons pareils. Ils ont aussi des mines plus soignées, se taillent la barbe, se rasent, sont corrects. Tandis que ceux-là, avec leurs physionomies hâves, maigres, ravagées par le besoin, le vice peut-être, le crime, qui sait? avec leur nez rouge d'ivrognes — ou de buveurs d'eau à la Wallace — avec leurs faces pâles, sous le hâle, où les yeux parfois semblent avoir des taies, malades probablement de trop de courants d'air, aux coins des rues ou sous les ponts, et de trop de « belle étoile » sans doute! Ceux-là enfin, avec leurs barbes de brigand ou de saint, dont le hallier pousse à même le roc des os, avec leurs cheveux trop longs qui pendent à quelques-uns comme des herbes autour des oreilles? Des ouvriers?

Jamais, ou des ouvriers d'une besogne bien hétéroclite, ainsi que semblerait l'indiquer leur mine équivoque et, accentuant encore leur apparence patibulaire, ce je ne sais quoi de particulier qu'ils ont tous, qui tiraille leur figure, tord leur bouche, leur donne sans exception cet air ricanant et gouailleur qui est sur leur face, sur leurs lèvres comme la grimace immobilisée et le stigmate d'un cri, le cri spécial de la corporation, quelque peu discordant et rauque, mais si parisien :

— Demandez !...

Ce cri, son cri, féroce, familier, inviteur, l'un d'eux, sorti de la foule, vient de le pousser à l'improviste, sous le nez même de notre passant ahuri, tout en se sauvant comme un voleur, une liasse de journaux sous le bras.

—Demandez...*la Patrie... les Droits de l'Homme!... le Petit Bleu!...*

A présent le passant, édifié, rit lui-même de son effarement, de sa frayeur. Il a compris. Ce n'est ni le feu, ni un accident, ni une émeute. Ce sont les journaux du soir qui paraissent tout simplement et cette foule sinistre de bandits supposés, ce sont les camelots qui les crient. Et tout à coup avide, impatient des nouvelles de la journée, dont il fait tous les soirs sa récréation et son émotion coutumières, voilà notre passant qui, oublieux déjà du spectacle dont la nouveauté l'avait pour un moment cloué sur place, ne pense plus qu'à donner son sou au camelot révélateur du mystère qui l'interloquait, et, le nez sur sa gazette, reprend sa route interrompue, se mêle derechef au remous populaire de la rue Montmartre qui l'entraîne dans son flot humain.

Moins pressé que lui, passant philosophe, flâneur avisé, Parisien curieux de Paris, reste un peu, regarde encore; l'étude en vaut la peine. Regarde, prise à sa source, en plein cœur de la ville, la première apparition de l'Idée imprimée, de la Nouvelle, du Fait, encore tout chauds et tout actuels, et qui de cette ruelle de coupe-gorge vont jaillir en mille et mille feuilles, s'essaimer en pages légères, dans toutes les mains du public et du peuple, aux quatre coins de Paris!

— Demandez *la Patrie... les Droits de l'Homme... la Presse!*

Car c'est l'heure, l'heure émouvante de la deuxième, troisième édition, la bonne, la meilleure, celle

qui se vendra le plus ! Celle qui
donne le dernier événement de la
journée, les débats des Chambres,
la chute du ministère, le scandale de
midi, le crime du matin, l'idée du
jour, le moment le plus palpitant de
la vie publique, instantané, saisi sur
le vif, et servi tressaillant, avec
son émotion dramatique d'actualité
encore en cours. Souvent en effet,
déjà à moitié imprimé, télégraphié,
téléphoné à mesure, déjà entre les
mains des lecteurs, il continue à
s'effectuer, il finit de s'accomplir,
l'événement relaté, et il n'en est
même pas à sa péroraison, ce discours politique, dont retentit le

Palais Bourbon, dont on lit dans le journal l'exorde, et elle n'est pas encore terminée, à la Cour d'assises, la plaidoirie de l'avocat, déjà analysée dans la gazette, et qui arrête en un instant d'angoisse au-dessus de la tête du criminel le couteau hésitant de la guillotine, dont l'édition suivante va nous apprendre s'il s'est décidé ou non à tomber. Aussi cette page de gazette, toute vibrante de la vie immédiate, dont elle suit toutes les pulsations, semble-t-elle vivante elle-même. On l'écoute comme ces témoins, haut perchés de nature sur des jambes privilégiées et qui, surplombant l'accident survenu en pleine rue et l'encombrement qui s'est amassé autour, en racontent à mesure les péripéties aux plus petits qui n'ont pu approcher, tendent en vain le cou derrière la foule. Oui, c'est déjà un peu comme si on voyait, comme si on assistait soi-même à la chose, dans les journaux du soir. Et c'est mieux que ceux du matin où l'événement de la veille, après la nuit passée, semble s'être refroidi, prend un air de passé, de définitif, de quelque chose d'effectué, de mort de quasi historique déjà... Tandis que le journal du soir, c'est du présent, de l'actualité toute vive. On y sent battre fiévreusement, au fur et

à mesure des télégrammes et des
éditions, le pouls même de la vie

publique. Et c'est presque comme
du théâtre. Et ce que ça se vend !

Aussi on se l'arrache.

Si patients à attendre, non sans

avidité, en masses compactes, pressées, soupçonneuses, le premier
signal, l'arrivée du bon papier, du
papelard convoité dont le débit les
fait vivre, il faut les voir maintenant, nos camelots, âpres à la concurrence, se bousculer à la distribution
de la précieuse manne imprimée...
Toute l'étroite rue en fourmille et
chacun, suivant le journal qu'il a
choisi, se mêle au groupe respectif
qui stationne devant chaque petite
boutique à journaux, car chaque
feuille a ici sa boutique, et, la liasse
conquise, se jette dessus, l'emporte
en courant comme une proie.

Une proie, oui ; n'est-ce pas avec

ses quelques pages d'impression qu'il va se faire des sous, se faire pour un jour le morceau de pain et le cornet de frites et le verre de vin qui le nourriront?

C'est surtout devant la *Patrie*, en renfoncement à côté de l'hôtel Colbert, que l'encombrement est le plus grand. Et vraiment il est curieux, l'espèce de *trou aux rats* qui rappelle celui de la recluse de *Notre-Dame de Paris*, et où le vendeur de ce journal préside à la distribution. C'est, dans la muraille, grasse et noircie, à même la rue, une espèce de fente, une lucarne, un guichet derrière lequel, une fois levée la

planche qui sert de fermeture, apparaît le buste digne d'un correct
monsieur à cheveux gris et qui dans
sa boîte semble un diable. A côté de
lui une ardoise sur un chevalet indi-
que, crayonnés à la craie, renseignements à l'usage des crieurs, le nom-
bre et l'heure des éditions, le prix
auquel le cent de « papiers » autrement dit d'exemplaires, est laissé
aux vendeurs. Et le jour sera bon,
la vente promet, paraît-il. Car,
massés depuis longtemps d'avance
devant le trou fermé, voilà nos camelots, sitôt la planche levée, qui se
poussent, se tassent, se portent, sans
se battre pourtant, sans autres cris,

avec seulement quelques grogne-
ments, quelques facéties, un brin
de rigolade. Et malheur dans la
bande à qui n'a pas sa monnaie
toute prête exactement, on n'a pas
le temps d'en rendre, et mieux que
sa monnaie, la somme précise en
argent, les deux francs dont se paye
aujourd'hui le cent de « papiers »,
car on n'a pas le temps non plus
de compter un à un les gros sous.
Moyennant quoi les premiers arrivés
reçoivent un jeton de bois sur lequel
un numéro d'ordre est gravé et qui,
à l'imprimerie, lui donnera droit à la
liasse désirée. S'il en reste après,
les autres en auront. Mais c'est cette

édition-là qu'ils préfèrent, celle qui se vendra le plus, qu'ils ont hâte de vendre déjà avant tous les autres.

Enfin les voilà pourvus chacun de leur jeton et le tirage, dont on entend le ronflement, s'achève. Déjà les premières liasses imprimées sont passées, portées sur l'épaule par les gens de l'imprimerie qui les distribuent aux voitures, aux cyclistes chargés d'alimenter les gares, les kiosques, les marchands en boutique, aux porteurs attitrés qui vont à domicile servir les abonnements, ceux-ci avec des casquettes galonnées au nom du journal. Et, contre le jeton, les liasses enfin sont livrées aux crieurs. Les piles s'écroulent entre leurs mains. Et alors ça se déblaie vite. Leur papier sous le bras, c'est un sauve-qui-peut général et les voilà partis au pas de course à travers Paris, tâchant d'arriver les premiers et de leur voix coassante, soigneusement économisée jusque-là, jetant sans relâche à travers la foule leur cri sauvage, entêté, monotone, excitant, harcelant :

La Patrie... Les Droits de l'Homme... demandez *la Patrie...*

Déjà vous les voyez échelonnés

tout le long des boulevards et de loin on dirait un chœur de grenouilles clabaudantes.

Et c'est surtout ceux des *Sports...* *Paris-Auteuil...* etc.... qui courent en vrais écervelés, bousculent tout, si vite qu'on n'a même pas le temps de leur acheter leur feuille mince et comme si les joueurs ne pouvaient jamais apprendre assez tôt qu'ils ont perdu aux courses ou gagné, quelquefois. Tandis que dans la rue du Croissant, un instant dégagée, de nouveaux groupes, sortis de chez les marchands de vin, se forment, que d'autres assauts se donnent à d'autres guichets, tous assiégés,

que les éditions et les liasses se suc-
cèdent, que grouille de plus belle

tout ce monde distributeur et vendeur de la presse, les camelots,
les bicyclistes, les porteurs, les voitures et que dans la rue étroite,

bondée, trouvent encore le moyen
de passer, fendant comme un navire
la foule, de ces camions qui viennent
déposer à l'imprimerie Paul Dupont,
sous la haute porte de l'hôtel Colbert,
ces énormes rouleaux de papier,
plus gros que des tonneaux, le papier pour le journal de demain, une
bouchée dans la gueule du monstre.
Mais au moment où la cohue est
moins forte, en attendant celle de
l'édition suivante, un temps de répit
se présente, qui nous permet de jeter
un regard plus attentif sur l'étrange
population et, à travers les types,
d'analyser la race. Types nombreux,
dont quelques-uns au repos, adossés

aux devantures ou assis sur le bord du trottoir, mangent dans un lambeau de papier le morceau de viande ou de charcuterie, acheté aux marchands, qui ont leur boutique là, sous un porche ou dans un couloir, et dont les camelots composent la clientèle unique. Ainsi ils reprennent des forces ou se délassent de la dernière course, en attendant la vente ou encore une aubaine, un embauchage, un gain quelconque de hasard, le petit capital nécessaire à leur humble industrie qui peut-être fait défaut dans leurs poches plus ou moins percées. Car, dans des proportions si modestes qu'on l'imagine,

VINS

encore, tout camelot soit-on, faut-il être un peu capitaliste pour commencer, pour réussir comme en tout, comme partout...

C'est que beaucoup ne possèdent même pas les trente ou quarante sous nécessaires à l'achat du cent de « papiers » convoités. La journée de la veille a pu n'être pas fructueuse ; le crieur malchanceux a pu en être pour son « bouillon », c'est-à-dire être obligé de rapporter, heureux encore quand on le lui reprend au journal, son stock d'exemplaires invendus, ou de le garder pour compte ; enfin la nécessité urgente du maigre dîner ou du loyer minime ou même du coucher dans un garni de dernier ordre, aux Halles, s'il n'a pas de domicile, à *la corde*, dans ces hôtels où l'on paye 10 sous, 6 sous une place dans la chambrée de misère, tout cela a pu entamer, dévorer le capital infime. Grosse question que de le re-constituer d'abord, avant de se lancer de nouveau dans les affaires. Courageu-sement, modeste-ment notre homme y parviendra encore, assez vite, pour peu qu'il ait gardé pré-cieusement dans sa

débine le trésor intact de trois sous.
C'est qu'avec ses trois sous il va
pouvoir acheter dix journaux, qu'il
tâchera d'écouler aux environs, pas
bien loin, sans s'écarter, pour pouvoir revenir avec le gain s'approvisionner, et recommencer ensuite,
jusqu'à reconstitution du gros, du
sérieux capital de quarante sous.
Ceux-là font le détail à leur façon.

Peut-être aussi, avec les autres,
quand la vente du journal ne marche
pas, dans les temps d'accalmie politique, de stagnation d'événements,
cherchera-t-il à se faire embaucher
comme distributeur de prospectus :
un franc de salaire pour mille pros-

pectus distribués, et s'il s'agit de réclames de restaurants, o fr. 50 seulement, mais les deux repas gratuits en surplus, l'essentiel de la vie, le pain avec un peu de sauce... Ou encore le retrouverons-nous parmi ceux qui se font enrôler comme hommes-sandwich pour porter sur leur dos à travers Paris les réclames diverses dont on voit défiler à la queue leu leu les équipes d'affiches vivantes ; travail payé à la journée 2 fr. 50, mais volontiers laissé aux ouvriers sans travail, inoccupés dans un moment de chômage, et un peu méprisé du camelot de métier, crieur de journaux, par vocation et par goût autant que par nécessité, un artiste, un intellectuel dans son genre...

Car là aussi, dans ce monde de bohème, il y a des spécialités, des rivalités, des vanités, des classes. Et sans doute est-il plutôt dédaigneux du crieur ordinaire, le camelot embauché, officiel en quelque sorte, fier de sa casquette de livrée où le

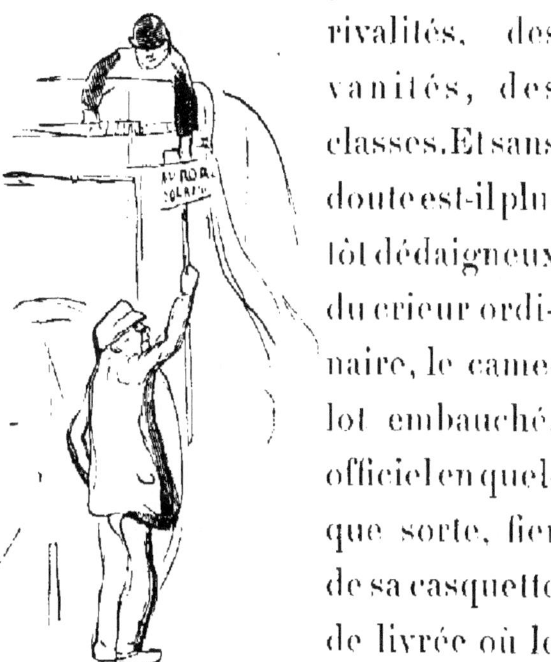

nom du journal s'étale, et qui, pour
un franc par jour et moyennant un
intérêt sur la recette, va vendre sa
feuille devant les stations d'omnibus,
promène la réclame de sa casquette,
souvent au compte d'un journal qui
périclite, qui cherche à faire croire
à une vente apocryphe, dans l'espoir
d'amorcer des annonces.

Des classes, des variétés, certes,
il y en a. Ainsi le camelot qui vend
la liste de loterie, la liste complète
et authentique des numéros du dernier tirage, le dernier gros lot, et
pour deux sous offre aux passants
l'espérance éphémère de lire le
chiffre fatidique, l'espérance d'une

fortune miraculeuse tombant comme
d'une corne d'abondance, en mon-
ceau d'or, vite volatilisée en décep-
tion inévitable, vendeur de mirages,
celui-là...

Ou le camelot qui vous révèle
la règle du jeu de piquet et de
billard, ou débite l'indicateur des
rues de Paris, le plan et la photo-
graphie des monuments de la ville
aux provinciaux et aux étrangers,
devant les terrasses des cafés ou
sous les arcades de la rue de Rivoli.
Tous viennent s'approvisionner là,
rue du Croissant, dans les librairies
ad hoc, ainsi que ceux qui vendent
des publications illustrées, « bouil-

lons » de livraisons invendues, lais-
sées aux rabais, opuscules et gravures, ou chansons, tel que le *goua-
leur* qui chante dans les carrefours
et dans les rues barrées, en guettant
si l'agent n'arrive pas, la dernière
complainte, la dernière chanson sur
le crime récent, le nouveau Président de la République, l'incendie
sensationnel du mois, l'enfant mar-
tyr de la semaine. Ou encore les dis-
tributeurs de romans feuilletons qui
exposent avec ostentation une image
dramatique, un monsieur assassiné
dans un salon, devant une femme
décolletée qui lève de grands bras
vers le ciel, tandis que l'or des

tables de jeu roule à terre dans une
flaque de sang, première livraison

gratuite toujours ; et toutes les
boquillonneries, et l'album des nudi-
tés du dernier salon, photographies
choisies des tableaux les plus acadé-

miques et que des messieurs graves,
aux terrasses des boulevards, aché-

tent, non sans marchander le prix
naturellement surfait. Ou bien, dans
le même ordre d'idées, le camelot discret qui dans les coins som-

bres vous murmure quelque chose à l'oreille, avec, dans sa main écartée, l'appât subrepticement découvert du jeu de cartes transparentes, la plupart du temps de sujet innocent, honnêtes trompeurs sur la valeur d'une marchandise le plus souvent d'une transparence plutôt vertueuse. Celui-là plus correct, propre, presque gentleman...

Enfin le vendeur qui a fait sa spécialité du *canard*, du portrait satirique, de la blague imprimée, de la fausse nouvelle mystificatrice : la caricature de l'homme du jour, de la gloire d'actualité présentée sous des espèces aussi difformes qu'insolentes, la fausse nouvelle destinée à émouvoir les naïfs et qui fait de l'acheteur une dupe amusée elle-même, consolée du mensonge de la nouvelle par le calembour qui s'y cache; par exemple l'assassinat de Rochefort, événement inattendu et surprenant qui se réduit à l'épreuve, une fois le *canard* acheté, au fait d'un meurtre vulgaire perpétré récemment dans la ville de Rochefort; tel encore le calembour pamphlétaire, comme la mort d'un politicien célèbre, annoncée en grosses lettres et qui se trouve n'être que la soi-disant mort « morale et politique » du personnage, à la suite des derniers scandales. Genre un peu dangereux, un peu démodé, surveillé par la police et pouvant donner lieu à des poursuites, constituer le délit de fausses nouvelles, depuis la dernière loi sur la presse qui, plus sévère que ses devancières et dans l'intention

de couper court aux abus, interdit maintenant aux vendeurs de crier les nouvelles, leur permet seulement le titre du journal qu'ils débitent.

Et, pour couronner le tout, comme travail de nuit, au camelot dont une journée de courses n'a pas brisé les

jambes ou qui n'a pas vendu suffisamment, il reste la ressource, problématique, de la *tête à l'huile*. *Têtes
à l'huile*, ainsi appelle-t-on les camelots qui se font embaucher, pour le
spectacle du soir, comme figurants
dans un théâtre, et représentent la
foule, des soldats, des marins, suivant l'affiche, des Romains classi-
ques, des reîtres d'opéra, des grévis-
tes de mélodrame, figurent même
quelquefois, comme au théâtre An-
toine, dans des foules de misère, tels
quels, en leur costume nature de
camelots.

Ainsi, à varier le travail suivant le
hasard de l'aubaine qui viendra le

chercher dans cette rue du Croissant

qui est son quartier général. Le camelot débrouillard peut encore vivre à la rigueur, au jour le jour, faisant tantôt une chose, tantôt une autre, sans se formaliser du cumul, car en dépit de ses préférences, le meilleur travail n'est-il pas celui qui se présente, encore heureux s'il s'en trouve un ?

Même, comme au théâtre, notre camelot se laissera racoler, figurera au besoin dans l'émeute, la révolution organisée dans la rue par les partis du tapage ; pour quarante sous, aussi éclectique de nature qu'intolérant par fonction, il acclamera tel personnage, conspuera tel

autre, fera au besoin le coup de poing
en compagnie de messieurs huppés,
donnera l'illusion de la rue agitée
d'un enthousiasme de foule, d'une
indignation populaire. Aussi les
époques troublées ne sont-elles pas
sans bénéfice pour lui. Comparse de
la Révolution, la guerre civile aura
pour lui des miettes. En somme et
de toutes façons il vit de la vie publique et sur elle ; il apparaît un peu
comme un parasite de la politique,
une vermine de la presse, le pou de
l'Histoire quotidienne.

Race bizarre, cynique, misérable,
effrontée et, comme des insectes sortis inopinément des fentes d'une

vieille demeure, d'origine somme
toute récente et républicaine; leur
éclosion est simultanée, correspond
en effet avec la liberté élargie de la
presse et l'énorme développement de
la publicité moderne. Sous l'Empire,
comme nous l'apprend M. A. Coffi-
gnon, dans son intéressant livre
Paris-vivant, le camelot libre n'exis-
tait pas. La vente des journaux sur
la voie publique, infiniment moindre,
formait un privilège accordé exclusivement à d'anciens militaires. La
vente libre n'était autorisée qu'un
seul jour dans le courant de l'année,
le jour de la rentrée des Chambres;
cette exception n'était d'ailleurs faite

qu'en faveur du discours de l'Empereur, imprimé à part ce jour-là à six ou sept cent mille exemplaires et vendu en supplément avec les journaux. Et c'était les porteurs des halles qui bénéficiaient ce jour-là de la tolérance accordée.

Tandis qu'aujourd'hui la vente des journaux, laissée entièrement libre, reste accessible à tous. Une simple déclaration suffit, faite à la Préfecture de police qui délivre une autorisation ou même simplement accuse réception de la demande. Mais la moitié au moins des crieurs se passent même de cette déclaration et ne sont pas inquiétés.

Race bizarre, étrange, grouillante et qui sort d'où ?...

Une femme, une des rares femmes qui, dans l'assaut des camelots, devant le trou aux rats de *la Patrie*, s'est mélangée à la foule pour avoir son jeton de cent de papiers et qui gagne à ce métier, comme elle me le raconte, sa vie et celle de deux enfants, en vendant toujours, m'explique-t-elle, dans le même quartier, où elle a des clients à qui elle porte régulièrement leur feuille favorite, cette femme, sur les camarades émet un jugement plutôt sévère :

— La moitié qui sort des galères, l'autre moitié qui doit y aller...

Et elle rit familièrement.

Mais elle exagère. Je la devine injuste, méprisante envers les copains qui la tutoient (le tutoiement est de rigueur dans le métier), couvant aussi des rancunes pour des « papiers », des journaux que les moins fortunés chipent quelquefois dans sa liasse, copains quelque peu dédaignés pour lesquels elle est trop propre, apparaît soignée, les cheveux noirs correctement peignés, presque bourgeoise.

Sans doute, parmi le peuple hétéroclite, bien des visages patibulaires émergent, mais plus sinistres de misère que criminels et plus gouailleurs que menaçants. Et dame, ce n'est pas la haute, ces grands efflanqués, par exemple, presque imberbes, avec des chevelures qui pendent, et qui, dégingandés, ricanent, ou ces petits trapus, ramassés, l'air sournois. Assurément il y a dans les gestes, dans les regards, dans l'allure quelque chose et bien des choses du fauve de ruisseau, du loup de trottoir, du sauvage de grande ville. Le stigmate de la correctionnelle se devine sur le visage de certains. En voici un là-bas, presque joli, trop blond, avec de longs cheveux de

demoiselle, vraiment problématique,
et dont le corps a d'étranges ondula-

tions féminines ; celui-là doit avoir
en temps ordinaire d'autres occu-

pations que de vendre des journaux ;
c'est un « chômage » évidemment.
Mais il en est d'autres et beaucoup,
d'un âge plus mûr, et qui gardent
tout au moins des restes d'honnêtes
figures d'ouvriers et de paysans,
dans leur barbe inculte. Et le fait
est que la grande majorité d'entre
eux se recrutent parmi les ouvriers
sans ouvrage : un jour de chômage
ils se sont mis à vendre des journaux
en attendant, puis le chômage se
prolongeant, ils ont continué ; certains ont de tout temps préféré ce
métier où « il faut trotter », mais où
l'on respire et pour le grand air ou
la liberté qu'il permet ; en somme

on est son maître. Quelques-uns sont mariés et vont en couple, avec leur femme, vendre au coin des rues, des boulevards et poursuivent le passant, l'un à droite, l'autre à gauche. Il vaut mieux être deux d'ailleurs, de toutes façons, et les célibataires s'accompagnent volontiers d'un ami ; ainsi l'acheteur est suggestionné doublement par la tentation répétée et souvent, après une première hésitation, un premier dédain, achète au second, quelques pas plus loin, la feuille qu'il vient de refuser au premier. Il y a même parmi les camelots des mères de famille, comme celle qui me parlait tout à l'heure et qui, toute fière, m'exhibait l'autorisation dont elle a eu soin de se pourvoir, en commerçante correcte, auprès de la Préfecture. Enfin, sans doute aussi, il se trouve dans la gent coassante des déclassés, petits commerçants tombés dans la débine, anciens clercs de notaire ayant eu des histoires, anciens notaires eux-mêmes, ayant connu la Cour d'assises, officiers réformés, frères et curés défroqués, anciens viveurs décavés, tous chevaliers errants de la bohème sociale, tombés au pavé; le cas se présente et s'est présenté, mais il est rare et anonyme, il reste ignoré. En général on peut affirmer en toute certitude

que la grande majorité des camelots,
qui sont des déclassés en effet, sont
des déclassés ouvriers, des déclassés de l'atelier et de la manufacture.
Beaucoup ne demeurent camelots que
le temps de la durée d'un chômage,
en attendant de trouver une place.
Et ceux qui en font un métier régu-
lier, qui savent le faire intelligem-
ment, ont soin de conserver leur voix,
leur petit capital et leurs jambes et
n'ont pas peur de s'en servir, ceux-
là se tirent suffisamment d'affaire
pour être honnêtes.

Le vrai camelot en effet aime son
métier et, à vivre dans l'atmosphère
des journaux, des nouvelles, des

télégrammes, de l'actualité fiévreuse et à outrance, subit le premier la griserie de l'imprimé qu'il vend et éprouve un peu de la vanité du journaliste. Journaliste, il le devient

lui-même quelquefois, en des jours glorieux, quand il va porter directement aux bureaux de rédaction, rédigée par lui, une note, un renseignement pris sur le vif, une information re-

cueillie au hasard de ses courses,
au sujet d'un accident, d'un incendie, d'un de ces mille faits divers de
la vie parisienne auquel son métier
nomade l'a fait par chance assister
et dont il rapporte en courant la
relation toute fraîche, qu'on lui paye
cent sous si elle en vaut la peine.
Et quelle joie alors le lendemain de
se relire, dans sa note un peu corri-
gée, imprimé soi-même !

Ce n'est plus un camelot qui vend
son journal, c'est un auteur qui vend
ses œuvres ! Le camelot-reporter !
Ils ont tous, les intelligents, ceux
qui s'intéressent à leur métier, cette
ambition au fond d'eux-mêmes, à

force de vendre des journaux, d'être un peu journalistes, à leur tour...

Il est des heures dramatiques où le camelot le devient : où, parti de l'endroit où l'information prend sa source, renseigné de la dernière heure et de la dernière minute, il apprend, au moment même où on lui livre sa liasse de papier « à débiter », la grosse nouvelle en train de circuler dans les rédactions et que le téléphone vient de communiquer, une seconde trop tard pourtant pour être insérée et lorsque le dernier tirage est effectué.

Alors notre camelot, avec le journal insuffisant qu'il répand par la ville, distribue la nouvelle de vive voix : ainsi il passe à la dignité de crieur public, renouvelle l'antique tradition orale, devient lui-même le journal qu'il complète. C'est de la sorte notamment que se sont passées les choses dans la soirée où l'on a appris la mort inopinée du Président de la République, M. Félix Faure.

Tous les journaux du soir, tirés, parus trop tôt, n'en soufflaient mot. Mais voici nos camelots avertis et qui prennent leur course. A tous les acheteurs de leur feuille, confidentiellement et, dans un élan de générosité magnifique, gratuitement et par-dessus le marché, ils communiquent le gros événement :

— Vous savez... le Président est mort.

Ainsi Paris, presque immédiatement, connut la nouvelle.

Et ceci me rappelle une remarque curieuse d'Alphonse Daudet, se demandant par quel prodige un événement sensationnel, en dépit de l'énormité de la ville, arrivait à se répandre aussi vite dans les quartiers les plus divers de Paris, avec la vélocité, l'instantanéité presque miraculeuse qui se révèlent en effet en pareilles circonstances. L'écrivain expliquait cette rapidité de communication par la circulation en tous sens des gens, des voitures, des omnibus, le pêle-mêle et le va-et-vient incessant de cette immense population mobile ; ce qui fait, avec le téléphone, le télégraphe, les conversations de visites, d'affaires et de cafés, qu'une nouvelle se répand comme une traînée de poudre. A toutes ces causes de divulgation rapide il faut joindre, comme nous le voyons, le camelot, véhicule naturel et tout indiqué de nouveautés et d'informations.

Zèle d'information bien mal récompensé dans la personne de l'un d'eux, en cette soirée mémorable.

par un acheteur indigné qui, croyant
à une fausse nouvelle, à une ma-
nœuvre politique malintentionnée,
signala notre homme serviable à la
police et voulut le faire arrêter.

Intelligent, le camelot doit l'être
pour réussir ; avant tous les autres
il lui est utile de connaître tout le
premier la marchandise qu'il débite,
sa nature, ses chances de succès et
de vente. Voyez celui-ci, par
exemple, qui à peine fourni au
guichet de sa liasse d'imprimés, et
tout en marchant, son paquet sous
le bras, a pour soin immédiat d'en dé-
plier un numéro qu'il parcourt atten-
tivement. Tel qu'il est, il est à peindre

le camelot lisant son journal ! A-t-il
l'air assez absorbé, donne-t-il assez
envie de lui en acheter un, pour voir
un peu, à son tour, Les nouvelles ?
Oui d'abord ; comme un autre il est
curieux ; et cette succession d'événements publics dans la fièvre desquels
il vit l'intéresse tout
le premier. Il veut sa-
voir ce qui se passe,
dans la politique, aux
courses, au théâtre.
Au besoin il doit pou-
voir guider l'ache-
teur, lui signaler un
article intéressant ,
l'allécher. Mais plus

particulièrement il recherche si, dans le corps du journal, un fait quelconque, un simple fait divers, en apparence insignifiant, ne lui offrira pas de chances de vente plus considérables dans tel ou tel quartier, tel ou tel endroit déterminé, où le fait en question s'est passé. Un quartier en effet est souvent ému par un incident, dont il a été le théâtre et qui laisse le reste de la ville indifférent. C'est là que notre malin se rendra, sûr d'écouler rapidement sa marchandise.

Le camelot expérimenté ne choisit pas toujours non plus, comme on pourrait le croire, les passages les

plus fréquentés, les boulevards où
la concurrence, celle de ses con-
frères, celle des kiosques, est trop
grande, et où s'encombrent les
novices; mais il
s'enfoncera de
préférence avec
un camarade dans
un quartier popu-
leux et éloigné,
choisira les ave-

nues où le bruit des voitures plus
rares ne couvrira pas sa voix, ira
guetter à la porte d'un restaurant,
à la sortie des ateliers, à l'heure
propice où, dans les rues qui sembleraient désertes, une foule subite

se forme, un flot populaire s'épand.
Mais il faut trotter, certes, et en-
durer du soleil, du froid et de la
pluie. Ainsi avec du courage et des
jambes, dans les jours de grande
vente, un crieur peut arriver à vendre jusqu'à mille numéros, mais,
comme celui-là qui s'en vantait devant moi, en allant finalement jusqu'à Ivry, par exemple, en poussant
jusqu'en banlieue, et dans les jours
seulement de nouvelles sensation-
nelles, aux moments des grandes
commotions de curiosité populaire.

Cependant la rue s'est éclaircie,
après la grande galopade effrénée
des dernières éditions des journaux

du soir qui a entraîné, dans son flot débondé, lâché dans la rue Montmartre, sur les boulevards, la multitude courante des camelots, se dépassant et se ruant à travers les voitures de la chaussée, les piétons des trottoirs, à la concurrence acharnée et aboyante de la vente publique et criée. À peine maintenant si quelques groupes, quelques individus, oisifs ou attendant un embauchage, stationnent encore dans la rue, à peu près vide ; et ainsi elle apparaît mieux avec sa physionomie caractéristique, ses échoppes à journaux qui, alternant avec les marchands de vins fréquentés dans la journée par leur clientèle

de camelots, occupent d'un bout à
l'autre les rez-de-chaussée des maisons. Chaque organe a là son échoppe.

son dépôt où s'opère la vente en gros,
exhibant son nom peint en travers sur
les volets qui la ferment, l'heure de

la vente passée. Et c'est comme une
revue de la presse parisienne à peu
près tout entière représentée ici; depuis les grands journaux qui ont leur
hôtel, jusqu'aux petits qui se rédigent à un cinquième étage, tous se
manifestent là sous la forme de cette
petite boutique que l'on dirait de bric
à brac, de vieilles ferrailles et de
chiffons. Pauvre, laide et sale, noircie
et comme grasse de l'encre d'imprimerie, telle se révèle en effet cette
patrie des camelots, ce royaume de
la presse, cette halle de l'idée, assez
semblable en somme à un repaire.

Car à l'idée, à l'imprimerie, à la
presse, à l'édition, la rue appartient

complétement, en sa brièveté, à tous
les étages de ses maisons, dont cha-
cune, véritable ruche à gazettes
exhibe à chaque fenêtre l'écriteau,
le nom d'un journal; ceci absolu-
ment vrai tout au moins pour les
trois énormes maisons principales
qui font presque la rue à elles seules,
l'hôtel Colbert, la maison adjacente,
en retrait, où s'imprime *la Patrie*,
et l'hôtel moderne de *la France*, dont
la construction neuve se « culotte »
déjà elle aussi, commence à prendre
la couleur contagieuse de ses voi-
sines; bientôt même sans doute il
se confondra de ton avec l'aristocra-
tique hôtel Colbert, qui lui fait vis-à-

vis, où dans ses imprimeries se composent tant de journaux, et tout
noirci, ainsi qu'un fort, par la crasse

de l'idée et comme de la poudre des batailles de l'intelligence et de la plume.

Enormes ruches à journaux, celles-là, toutes ronflantes du bruit des machines, du roulement des rotatives, qu'à travers la vaste glace de l'hôtel de *la France* on peut voir fonctionner de la rue, mâcher leurs feuilles et cracher l'imprimé, comme on peut surprendre et étudier, à travers une ruche vitrée, le travail clandestin des abeilles.

Véritable atelier de la pensée parisienne qui, avec son hâle de travail, son bourdonnement d'usine, donne en somme une impression plus juste et plus intense de l'effort et de l'activité du journalisme moderne que les hôtels des journaux riches, émi-grés comme *le Figaro*, *le Gaulois*, *le Temps*, *l'Écho de Paris*, *le Journal*, sur les grands boulevards et dans les rues qui les avoisinent ; journaux bien un peu imposants et bien cossus, avec leurs salons, leurs glaces, leurs portes capiton-nées, leurs chuchotements de bon ton dans les embrasures, décor mon-dain qui va bien avec leurs articles corrects, leur littérature académique leur politique cérémonieuse, leurs signatures célèbres et aristocrati-ques.

Quel contraste, entre cet air somp-
tueux d'administration riche ou de
salons à la mode que cherche à se
donner le dernier genre du journalisme, et le repaire démocratique,
de pittoresque balzacien, qui est
celui de la presse populaire à un sou
dans la rue du Croissant ! Quel beau
mépris ici du luxe et de tous les
fastes bourgeois, de toutes les appa-
rences inutiles et même du confor-
table élémentaire, un mépris de
moine, de sectaire, d'écrivain et de
philosophe ! Ici foin des dorures et
des peintures ; c'est bien la nudité de
décor, la pauvreté et la modestie de
logis et d'abri qui sembleraient bien

devoir convenir, appartenir exclusivement à la Pensée indépendante,

aux combats quotidiens et désinté-
ressés de l'idée pure ; et trop souvent
tout aussi bien taudis à scandales.

nids de scorpions et de calomnies.
Partout, que vous montiez l'escalier
de pierre à rampe de fer de l'hôtel
Colbert ou l'escalier moderne, à cage
d'ascenseur, de l'hôtel de la *France*,
c'est sur les murs la même crasse
d'imprimerie, c'est dans l'air la même
odeur tiède de machines, c'est sur les
paliers la même demi-obscurité de
cave, c'est du haut en bas de l'édifice
le même branle-bas sourd d'usine.
Partout aussi, dans les salles de rédaction identiques, règne le même
ameublement sommaire, classique en
quelque sorte, la grande table ovale,
couverte du traditionnel tapis vert,
taché d'encre, entourée de ses chaises

de paille qui attendent les rédacteurs;
ce sont les mêmes pièces vides, sans
décorations, au papier souvent dé-
chiré ou déteint, les mêmes recoins
analogues à des loges d'acteurs où
des rédacteurs spéciaux ou favorisés
ont leur cabinet, leur cabine de travail personnelle, souvent une simple
embrasure auprès d'une fenêtre ;
pour tous meubles une table et une
chaise, avec un cartonnier, quelques
planches qui servent de biblio-
thèque ; aux murs, en guise de tableaux, des images de journaux
découpées, des portraits satiriques.
des caricatures, de simples bons-
hommes d'écoliers. Seul, le cabinet

directorial, celui du secrétaire de la rédaction sont un peu plus coquets, avec des sièges entiers, un tapis, une décoration fraîche, un bureau neuf. Mais tout le reste conserve uniformément son même ameublement vieillot et boiteux, ses chaises de bric à brac, la nudité de ses murailles crasseuses, son même air d'atelier, de campement et de bohême hérité sans doute du journalisme d'autrefois,

plus riche d'idées que d'argent, menacé quotidiennement dans son existence par des lois sévères, guetté par les rigueurs du gouvernement ou par l'imminence de la faillite, aspect qui fait un tel contraste avec celui des journaux boulevardiers pro-priétaires, capitalistes, littéraires...

Aspect d'atelier, décor de labeur, rumeur de fabrique qui s'harmo-nisent bien avec le journalisme d'ac-tion qui est celui de la rue du Crois-sant et des environs immédiats ; journalisme populaire, démagogique même, journalisme de polémique et de politique, journalisme de combat qui semble s'écrire les manches retroussées; journalisme à sensations, à émotions, à « manchettes » qui se fait une loi chaque jour de remuer le cœur, l'esprit inerte de la foule avec le pathétisme d'une actualité dramatisée à outrance, la mise en scène de tous les scandales, l'attirance des titres énormes en caractères d'affiches. Journalisme, aux procédés de théâtre, qui directement, violemment, s'adresse et s'attaque à la grosse sensibilité populaire, aux indignations, aux admirations, aux colères d'éléments des foules; journalisme où le cri du tribun semble le plus souvent le cri cabotiné d'un héros de Mélodrame dont ce genre

de presse, en ses crises les plus
farouches, observe à merveille, sait
graduer les effets savants.

C'est là, dans ces taudis, que s'im-
priment et se fomentent le journal
de l'ambition effrontée, celui du syco-
phante cynique et de l'entrepreneur
de scandales ; là qu'ont leurs repaires
la diffamation, le chantage et la
calomnie ; là que parfois les plumes
s'empoisonnent avant d'écrire, rien
qu'à se tremper dans l'encrier, comme
le sauvage empoisonne ses flèches.
C'est là que le mensonge public,
l'erreur organisée ont leurs cavernes.

Mais c'est là aussi, dans ces loges
modestes et nues, sur cette table

encrassée, que le bon écrivain de
justice et de vérité, sourd au bruit
du scandale et aux hurlements du
mensonge grondant tout à l'entour,
écrit ses mots de sagesse et de logique, rédige ses formules d'équité
qui vont éclairer l'âme obscure du
peuple, faire battre son cœur à tous
les nobles sentiments, relever sa
tête découragée vers les espérances
lumineuses...

Côte à côte, séparés par une cloi-
son, différenciés par un étage, dans
un coudoiement qui n'a rien autrement de fraternel, les écrivains des
partis les plus opposés, les plus hos-
tiles, ainsi combattent silencieuse-

ment, férocement quelquefois, idée
contre idée, loyauté contre mauvaise
foi, esprit contre insolence, bandits

de la plume ou chevaliers de la pensée, les forces du passé et celles de
l'avenir, le préjugé et l'utopie, la

vérité et l'erreur... C'est là que se pensent d'avance, comme dans un cerveau commun et unique, que palpitent d'abord, comme dans un vaste cœur anonyme, toutes les idées, toutes les passions, les colères, les enthousiasmes qui, demain, à la lecture, exprimés par les voix multiples de la presse, vont devenir les enthousiasmes, les idées, les passions de tout un public, de tout un peuple, de tout un pays.

C'est là que se joue, comme dans une âme symbolique, le drame psychologique, l'ardent conflit quotidien des pensées, du heurt desquelles sortira pour une nation l'erreur qui

doit la rabaisser ou la vérité ascen-
dante.

C'est là, dans ces conciliabules des
directeurs avec les rédacteurs, dans
la réflexion de quelques écrivains
accoudés à leur table, au bruit des
presses qui ronflent, que se pré-
pare, se forme ce qui sera demain
la pensée, l'opinion, la volonté
publiques.

Et c'est l'heure justement où la
besogne d'idées commence. Déjà,
dans les salles de rédaction, que
l'étroitesse de la rue et la hauteur
des maisons rendent obscures, à tous
les étages s'allument le gaz, l'élec-
tricité. A son poste le premier, le

rédacteur en chef compulse les journaux du soir, les télégrammes en-

voyés par les agences diverses, la
correspondance. Autour de la grande

table verte les rédacteurs jouent du ciseau, découpent des informations à reproduire, les renseignements dont ils s'inspireront, les « filets » agressifs auxquels il faudra répondre. Le téléphone avec sa sonnerie incessante appelle dans sa cabine. Et dans la rue une voiture s'arrête, celle du directeur qui rapide, important, insaisissable, est déjà entré, à peine entrevu, avec sur la figure, vainement impassible, les préoccupations du jour, la hantise de l'actualité, le tracas du numéro à faire. N'oublions pas non plus le souci, plus négligeable, qui le possède encore, d'esquiver et d'intimider les gêneurs, les

solliciteurs de toute sorte qui depuis une heure au moins encombrent le vestibule du journal, guettent le maître, cherchant à l'assaillir au passage : rédacteurs ayant des réclamations à présenter, créanciers impatients, quémandeurs de faveurs, d'un permis de circulation en chemin de fer, de billets de théâtre, courtiers d'annonces, placeurs de copie, hommes politiques, hommes et femmes de lettres et de théâtres, et du monde, ambitionnant quelques lignes de réclame, la notoriété éphémère de leur nom imprimé dans le numéro du lendemain. Tous attendent avec anxiété, avec fièvre, levés précipitamment à l'entrée du directeur et régulièrement déçus dans leur espérance d'entrevue par l'ordre bref jeté en passant au garçon de bureau.

— Priez le secrétaire de rédaction de venir...

Les autres, pour plus tard, si on a le temps ! Le numéro à faire, d'abord.

Et maintenant, dans la rue, c'est un va-et-vient discret, rapide, de journalistes. C'est le reporter, le gros reporter à longs cheveux qui, une serviette sous le bras, encore tout digne de la dignité du grand homme avec lequel il vient de converser familièrement, en sa gravité soufflante, apporte son interview et deux ou trois projets de reportage à soumettre pour le lendemain. C'est le rédacteur parlementaire, un peu congestionné, qui revient de la Chambre avec son compte rendu, la tête bourdonnante encore de discours politiques et de l'assemblée tumultueuse qu'il vient d'avoir pendant trois heures sous les yeux, au fond du vaste entonnoir du Palais Bourbon ; ce dernier

pourvu au surplus d'une respectable moisson de cancans politiques et de quelques bonnes « rosseries » à l'adresse des députés ou des ministres ennemis,

rosseries qu'il ne va pas manquer de nous servir demain matin, en leur férocité toute fraîche, ainsi qu'une dent arrachée vive.

C'est le rédacteur judiciaire qui arrive du Palais de Justice, l'imagination hantée par la vision de la

Cour d'assises, aux robes rouges de juges, et que traversent de grands gestes noirs d'avocats. Un beau procès justement, pense-t-il. Pourvu qu'on le laisse un peu développer sa chronique, qu'il y ait de la place ce soir, qu'on ne lui écourte pas son inspiration.

Puis encore d'autres, reporters « marrons », journalistes sans journal qui vont de porte en porte offrir une interview, un article, une idée. Et plus d'une face intelligente et souffreteuse se devine dans ce défilé, du talent sans emploi, des orgueils mortifiés, de la misère, de la révolte, de la gloire et de la bohème.

Enfin voici les *lea-
ders*, les grands hom-
mes, ceux qui rédigent
l'article de tête, la pensée programme, l'idée
en exergue, et qui si-
gnent d'un nom cé-
lèbre, les remueurs
de foule, les écrivains,
les tribuns, souvent
députés, les chroni-
queurs, figures et noms
connus, familiers au
public : cette longue

et haute girafe d'homme, la tête
comme en perpétuelle ascension vers
le fruit de Tantale d'une ambition

trop haute, et dont le nom retentit
tous les jours dans le tumulte des
débats politiques ; ce tribun trapu

et barbu, qui a gardé l'air studieux
du professorat dont il est sorti, ora-
teur éloquent et journaliste géné-
reux ; ce vieux monsieur décoré, un
peu voûté, de figure vénérable, avec

sa barbe blanche de sage, champion
courageux de convictions belles et dé-
modées ;

clown au lustre qui se jouant tous les et les car la poli- cette fin Et cette hirsute, et nar-

ce vieux toupet il- a passé en à travers cerceaux cans de tique de de siècle. figure sournoise quoise

derrière ses lunettes, avec ses cheveux et sa barbe en broussaille de
capucin du moyen âge prêchant croi-
sades et dragonnades. Et cet autre,

aux clairs yeux de loyauté et de malice, où luit la logique acérée et

pétille l'ironie, si vif-argent dans tous ses gestes, comme si l'idée, comme si l'esprit, trop à l'étroit dans son crâne dé-nudé de penseur, lui fourmillait par tout le corps, lui agaçant jusqu'au bout des doigts, et qui galvanise rien qu'à le voir !

Ceux-là passent vite : à peine si on les voit, comme furtifs, gênés de leur notoriété, désireux aussi tout

comme les directeurs, quand ils ne le sont pas eux-mêmes, d'éviter le solliciteur, le bavard, le crampon, avec la peur d'être happé par la manche au passage, d'une minute perdue, et la fébrilité de l'article à écrire qui déjà les talonne.

Et c'est encore le chroniqueur littéraire, volontiers mondain, suave dans sa barbe soyeuse, l'air méphisto-

phélétique. avec
son monocle;
c'est le jeune chef
des échos des
théâtres. de ma-
nières délicates
et un peu pré-
cieuses de de-
moiselle. et le
gros critique dra-

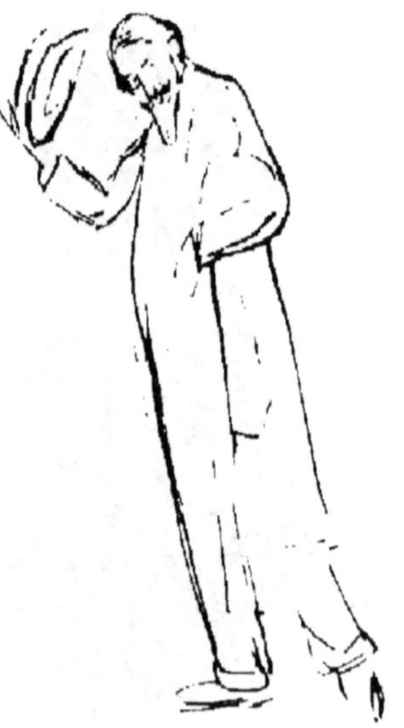

matique, réjoui et spirituel, peut-
être toujours trop exclusivement spirituel. Et tous les autres, les sombres
et les gais, les sectaires et les scep-
tiques, les enthousiastes et les fleg-
matiques. les bavards et les silencieux. Tout cela passe. se faufile.

avec vivacité et adresse, un peu comme des souris.

Maintenant dans les salles de rédaction le gaz flambe plus haut; c'est une animation et un brouhaha d'allées et de venues, de bavardages, de sonneries ; au milieu des conversations, des interjections, des récriminations, le ciseau fonctionne, la plume court en dépit du bruit, la copie commence à s'entasser sur le bureau du secrétaire de la rédaction qui déjà vient d'envoyer à la composition et qui soupire devant l'amas... Comment arriver à placer tout. Il y en a toujours trop et on ne peut pas renvoyer tous les jours le feuilleton pour « abondance des matières », suivant l'horrible formule usitée. Tant pis, il faudra couper, supprimer, rogner, faire des mécontents. Ah! il tombe bien, le chroniqueur des tribunaux qui justement, profitant de l'intérêt du procès du jour, s'était permis quelques développements, avait cherché à faire un peu littéraire, pour une fois...

— Mais vous êtes fou ! Cent cinquante lignes pour ce procès-là !

— Mais... très intéressant, très suggestif... une cause mondaine... et d'une psychologie !

— Je m'en fiche ! Vous allez me réduire ça à soixante lignes, au plus, vous m'entendez bien, si vous voulez passer...

— Mais pourtant...

— Et puis pas de phrases, pas de littérature à côté, n'est-ce pas, serrez les faits...

Pas de bonne humeur, ce soir-là, le rédacteur en chef, et encore moins de bonne humeur quand une sonnerie stridente le rappelle chez

le directeur, furieux, celui-ci, congestionné devant les épreuves d'un
article que lui-même a commandé
la veille et devant lequel il semble

horrifié aujourd'hui, comme devant quelque chose d'incongru, de mons-trueux.

— Qu'est-ce que c'est que ça ? dites-moi un peu...

— Mais c'est l'article de X... sur...

— Oui, une jolie gaffe. Ah ! heureusement que j'ai pensé à y jeter les yeux... Eh bien, ça n'est pas ça, pas du tout, et vous aurez l'obligeance de dire à X... de recommencer son article dans un sens diamétralement opposé, vous avez saisi ? Tout juste le contraire de ce qu'il a dit dans celui-ci.

— Mais cependant... n'est-ce pas vous-même ?...

— Il ne m'a pas compris. Il a compris tout l'opposé. Qu'il recommence ! Juste le contraire... C'est entendu ?

La vérité est que, pour une cause ou pour une autre, question financière ou politique, ou personnelle, c'est la direction qui elle-même a changé d'avis. Caprice qui a ses raisons, n'en doutez pas.

X... recommence d'ailleurs docilement.

— C'est très commode, observe-t-il, il n'y a qu'à retourner les phrases. C'est comme ces bêtes de mer qu'on retourne ainsi que des manches et qui n'en vivent pas moins bien... et mieux peut-être même.

Grâces d'état, philosophie et scep-
ticisme...

Enfin, à force de tronquer, de ro-

gner, d'éliminer, de rajouter, avec
sa chronique de tête, son reportage,
ses échos, ses filets, ses débats

parlementaires, sa critique dramatique, son feuilleton, le journal, déjà en partie imprimé en épreuves et aux trois quarts écrit, se dessine, se forme, se complète. Le rédacteur en chef respire. Il a son affaire, tout le monde a son affaire, à peu près, et la besogne va son train joyeux d'œuvre bien commencée, quand patatras !...

— Le rédacteur en chef au téléphone...

Quelqu'un, venant du dehors, qui est entré précipitamment chez le directeur, un télégramme d'une agence apporté à la hâte, et bientôt tout le journal est sens dessus des-

sous : un de ces événements inat-
tendus, gros d'importance, mort
subite d'un personnage, catastrophe
parisienne, malheur national, enfin
un de ces événements qui naissent,
passent comme un ouragan, sou-
lèvent comme une mer l'émotion
populaire, et dont la première nouvelle vient d'arriver.

Et, dans l'accès fébrile de l'actualité qui s'impose, voilà tout à
recommencer, le journal, déjà presque
prêt, à refaire de fond en comble,
la chronique littéraire et la dramatique et le feuilleton remis aux ca-
lendes grecques, la chronique des
tribunaux, qui n'a vraiment pas de

chance ce jour-là, réduite encore une fois à vingt malheureuses lignes, l'article de X.... si soigneusement retourné et qui ne passe

décidément pas, le reportage, l'interview du jour disparaissant, sombrés vu leur intérêt relatif devant l'événement imprévu, sensationnel, envahissant.

Tout à refaire : à lui, au Fait monstre le journal en entier revient de droit pour sa description, pour son interprétation, raconté, rapporté

et commenté de mille manières, avec
tous ses tenants et ses aboutissants,
dans son ensemble, dans ses détails,
dans sa notoriété, dans ses arcanes.
Tout doit faire mousse autour de lui.
Ah ! un beau numéro à composer !
Jusqu'à l'article politique de tête
qui doit se modifier, être remplacé
par un autre, plus en situation.

Et voilà de nouveau les reporters
lancés à la chasse aux renseignements, tout le personnel de la rédaction sur les dents ; et de plus belle
les portes qui battent, les sonneries
précipitées du téléphone, la pensée
en ébullition dans les cerveaux, une
crise de fièvre et d'activité passant

sur le travail des rédactions comme un violent courant d'air dirigé sur le feu d'une forge...

Ainsi, à cette heure où nous la quittons, dans la sombre rue du Croissant, avec ses lumières étouffées et le ronflement continu de ses imprimeries, ne dirait-on pas en effet qu'au fond d'une usine mystérieuse se forge, sur l'enclume du Fait, quelque éclatante Lumière, quelque bloc rougeoyant de Vérité ?

Vérité toujours plus complète, toujours victorieuse, Lumière de pensée qu'on n'éteint pas, toujours grandissante en dépit de l'ombre

accumulée, et qui est celle que dégage la Presse, au choc de ses

enquêtes, de ses contradictions et
de ses mensonges même.

Lumière de progrès et d'avenir, dont chacun qui y collabore et l'humble camelot qui la véhicule n'est pas sans se transfigurer un peu, sans s'éclairer d'un reflet modeste, ver mais luisant de l'Idée qu'il propage, assez semblable à cette vilaine chenille, mais phosphorescente, dont la laideur même fait dans l'herbe une petite étoile.

Les
Minutes Parisiennes

2 francs le volume.

Gravures sur bois exécutées par MM. Beltrand
et Dété.

Déjà parus :

 Midi, *le Déjeuner des petites ou-
vrières*, texte de Georges Mon-
torgueil, dessins de A. Lepère.

 1 heure, *la Bourse*, texte de Ga-
briel Mourey, dessins de Huard.

 2 heures, *la Cité et l'Ile Saint-
Louis*, texte de Gustave Geffroy,
dessins de A. Lepère.

 3 heures, *le Grand Prix de Paris,
les Sports*, texte de Léon Millot,
dessins de G. Scott.

 4 heures, *l'Essayage*, texte de
Pierre Valdagne, dessins de Bal-
luriau.

 5 heures, *la Rue du Croissant*, texte
de Henry Fèvre, dessins de Sunyer.

ÉVREUX, IMPRIMERIE DE CHARLES HÉRISSEY

www.ingramcontent.com/pod-product-compliance
Lightning Source LLC
LaVergne TN
LVHW020703200726
843508LV00002B/864